W0363238

Genussmomente

VEGETARISCH

EIN BUCH DER
EDITION MICHAEL FISCHER

INHALTS-VERZEICHNIS

GRUNDLAGEN

VEGETARISCH ESSEN: BASICS

GEMÜSE

Pflanzen sind für Vegetarier in ihrer ganzen Vielfalt interessant. Frisches Gemüse ist ein elementarer Bestandteil vegetarischer Gerichte. Hierbei kommt es auf Qualität und Frische an, weshalb die Rezepte in diesem Buch saisonal angeordnet sind. Schauen Sie sich also nach jahreszeitlich passenden Zutaten um und nutzen Sie auch mal Wochen- oder Bauernmärkte mit regionalen Erzeugnissen. In Supermärkten finden Sie viele Sorten, die auch außerhalb der eigentlichen Saison ganzjährig im Angebot sind, ohne dabei um die halbe Welt zu reisen. Vieles lässt sich auch einfach ersetzen, gerade wenn bei Rezepten mehrere Gemüse vorkommen. Wichtig beim Tauschen: auf ähnliche Konsistenz und damit Garzeiten achten. Kein Mangold da – wie wäre es dann mit Spinat? Den gibt es zur Not auch tiefgefroren. Und das ist gar nicht schlecht: Da Tiefkühlware sofort nach der Ernte verarbeitet wird, ist sie manchmal sogar frischer als Importware mit langen Transportwegen. Genau wie Gemüse, das zu lange beim Händler liegt. Das hat das Meiste an gesunden Inhaltsstoffen, aber vor allem auch Aroma eingebüßt. Es gilt also, die Augen stets nach frischen Zutaten aufzuhalten,

die noch prall, knackig und saftig sind: Lieber öfter Frisches und in kleineren Mengen kaufen, als Gemüse zu lange lagern. Auf S. 8/9 finden Sie einen praktischen Saisonkalender für Gemüse, der die Übersicht erleichtert.

HÜLSENFRÜCHTE

Hülsenfrüchte sind das beste pflanzliche Protein: Egal ob Bohnen, Erbsen oder Linsen, vor allem in getrockneter Form enthalten sie alle gut 20 Prozent Eiweiß – und sind damit fast so nährreich wie ein kleines Steak, Milch, Eier oder andere tierische Proteinquellen. Einiges davon gibt es praktisch in Dosen zu kaufen. Wer länger Zeit hat, kann aber auch getrocknete Hülsenfrüchte einweichen, (nicht zu weich) garen und anschließend abgekühlt portionsweise einfrieren. Sojabohnen enthalten

besonders viel Eiweiß und lassen sich in unreifer, grüner Form als „Edamame" genießen, aber auch in verarbeiteter Form als Tofu oder Tempeh, die inzwischen gängiger Fleischersatz sind.

GETREIDE

Getreide ist unglaublich vielfältig und liefert reichlich gut verwertbare, angenehm sättigende Kohlenhydrate. Egal ob Reis, Dinkel oder Pseudogetreide wie Quinoa – gegart ergeben sie allesamt eine gute Beilage und sind in verarbeiteter Form als Mehl zum Kochen und Backen unverzichtbar. Denn auch wenn „Low Carb" im Trend liegt, benötigt der Körper eine gewisse Menge Kohlenhydrate. Darum gehören auch Nudeln oder Brot aus Schrot und Korn dazu, vor allem, wenn sie von Gemüse begleitet werden.

NÜSSE, SAATEN UND KERNE

Nüsse, Saaten, Oliven und Co. liefern reichlich gesundes pflanzliches Fett, das unser Organismus ebenfalls braucht. Darüber hinaus, das ist bekannt, hebt Fett den Geschmack – und nicht nur das: In vielen Obst- und Gemüsesorten kommen ausschließlich fettlösliche Nährstoffe und Aromen vor. Ein Möhrensalat ohne Öl oder ein paar Kürbiskernen beispielsweise ist daher nur die halbe Miete. Erst ihr Fett hilft z. B. enthaltenes Carotin in für uns verwertbares Vitamin A zu wandeln und das ganze Aromenspektrum einer Möhre zu erschließen. Öl aus Oliven, Nüssen, Samen (wie z. B. Sonnenblumen- oder Rapsöl) darf daher immer reichlich im Einsatz sein.

Legende

vegan

SAISONKALENDER GEMÜSE

Lagerware
Wächst in diesem Monat in Deutschland
Juni
Juli
August
September
Oktober
November
Dezember

REZEPTE

GRÜNER SPARGEL

auf Tomaten-Gnocchi

FÜR 4 PORTIONEN

Für die Tomaten-Gnocchi

- 500 g kleine Kirschtomaten
- 1 rote Zwiebel
- 1 Knoblauchzehe
- 500 g Kartoffelgnocchi (aus dem Kühlregal)
- 5 EL Olivenöl, plus etwas mehr für die Form
- 50 ml Gemüsebrühe
- Salz

Für den Spargel

- 600 g grüner Spargel
- 75 g Parmesan (s. Tipp)

SO GEHT'S

1 Den Ofen auf 170 °C (Umluft) vorheizen und eine große, höhere Ofenform fetten. Die Tomaten waschen, die Zwiebel und die Knoblauchzehe schälen und fein würfeln. Die Gnocchi in der Form mit den Tomaten, den Zwiebel- und Knoblauchwürfeln, dem Olivenöl, der Brühe und ½ TL Salz vermengen.

2 Im heißen Backofen rund 25 Minuten backen, zwischendurch 1–2-mal vermengen. Währenddessen den Spargel waschen, putzen und die holzigen Enden entfernen. Den Spargel kurz blanchieren (mit heißem Wasser überbrühen). Wer relativ dicke Spargelstangen hat, sollte sie wahlweise längs halbieren oder vierteln, sodass der Garpunkt später entsprechend passt.

3 Nun die grünen Spargelstangen auf die bereits vorgegarten Gnocchi legen, die Form abdecken (zum Beispiel mit einem Bogen Backpapier oder einem Deckel) und den Spargel weitere 12 Minuten mitbacken. Den Parmesan reiben.

4 Den Parmesan auf den Spargel geben und alles 5 Minuten (offen) überbacken.

TIPP

Parmesan ist – wie auch einige andere Käsesorten – in der Regel nicht vegetarisch, da er tierisches Lab enthält. Es gibt jedoch durchaus vegetarische Parmesansorten; diese sind vor allem im Bio-Supermarkt erhältlich.

KOHLRABISUPPE

mit Curry-Quinoa-Topping

FÜR 4 PORTIONEN

Für die Suppe

- 1 Zwiebel
- 1 Knoblauchzehe
- 1 kg Kohlrabi
- 1 EL Rapsöl
- 600 ml Gemüsebrühe
- 250 ml Kokosmilch
- Salz
- 1 TL Ahornsirup
- ¼ TL abgeriebene Schale von 1 Bio-Zitrone
- Pfeffer

Für das Quinoa-Topping

- 150 g Quinoa
- 3 getrocknete Feigen
- Salz
- ½ TL Ahornsirup
- 1 TL Currypulver

Außerdem

- ½ Bund Petersilie

SO GEHT'S

1 Die Zwiebel und die Knoblauchzehe schälen und fein würfeln. Den Kohlrabi putzen, schälen und würfeln. Das Rapsöl in einem großen Topf erwärmen und die Zwiebel- und Knoblauchwürfel darin bei mittlerer Hitze andünsten. Kohlrabiwürfel hinzugeben und die Gemüsebrühe und die Kokosmilch angießen. 1 TL Salz hinzufügen und die Suppe unter Rühren zum Kochen bringen. Im geschlossenen Topf bei kleiner bis mittlerer Hitze rund 20–25 Minuten kochen lassen.

2 Den Ofen auf 160 °C (Umluft) vorheizen. Während der Kochzeit kann bereits das Quinoa-Topping vorbereitet werden. Quinoa in einem Sieb abspülen und abtropfen lassen. Die getrockneten Feigen fein würfeln. Dann Quinoa mit 350 ml Wasser, ½ TL Salz, Ahornsirup, Currypulver und den Feigenwürfeln in einen Topf geben und 15 Minuten bei kleiner Hitze kochen lassen, bis das Wasser komplett aufgenommen worden ist, dabei immer wieder mit einem Löffel oder einer Gabel auflockern und vermengen. Den Quinoa-Mix auf einem mit Backpapier belegten Blech flach ausbreiten und im heißen Backofen etwa 15 Minuten trocknen und leicht rösten.

3 Die Suppe fein pürieren und mit Ahornsirup, Zitronenabrieb, Salz und Pfeffer abschmecken. Die Petersilie waschen, trocken schütteln, die Blättchen abzupfen und fein hacken. Die Suppe mit Petersilie und Quinoa-Topping bestreut servieren.

KICHERERBSEN-KUCHEN

mit Frischkäse-Topping

FÜR 1 KUCHEN

Für den Teig

- 100 g Babyspinat
- 1 Zwiebel
- 1 Knoblauchzehe
- 2 EL Olivenöl
- 200 g Kichererbsenmehl
- Salz
- ½ TL Backpulver
- ¼ TL schwarzer Pfeffer
- 5 g Bio-Kurkumawurzel
- 125 g Joghurt

Für das Topping

- 100 g Kräuterfrischkäse
- 6 Radieschen

SO GEHT'S

1 Den Backofen auf 200 °C (Ober-/Unterhitze) vorheizen.

2 Den Spinat verlesen, waschen, trocken schleudern und grob hacken. Zwiebel und Knoblauch schälen und beides fein hacken. Das Olivenöl in einer ofenfesten Pfanne erhitzen, Spinat, Zwiebeln und Knoblauch darin kurz andünsten.

3 Das Kichererbsenmehl in einer Schüssel mit 1 TL Salz, Backpulver und Pfeffer mischen. Die Kurkumawurzel waschen und fein raspeln, mit Joghurt und 100 ml Wasser zum Mehlgemisch geben und alles zu einem geschmeidigen Teig verarbeiten. Den Spinat unter den Teig mischen. Den Teig in dieselbe ofenfeste Pfanne geben und im Backofen (Mitte) in 12–15 Minuten goldbraun backen.

4 Inzwischen für das Topping den Frischkäse cremig rühren. Die Radieschen waschen, putzen und in feine Scheiben schneiden.

5 Den Kichererbsenkuchen herausnehmen und kurz auskühlen lassen, anschließend mit Frischkäse bestreichen, mit den Radieschenscheiben belegen und genießen.

TIPP

Der Kichererbsenkuchen schmeckt auch wunderbar mit Tomaten und frischen Kräutern als Topping.

BÄRLAUCHTASCHEN

mit Möhren-Linsen-Füllung

FÜR CA. 20 STÜCK

Für den Teig

- 50 g Dinkelkörner
- 450 g Weizenmehl (Type 505)
- Salz
- 21 g Hefe (½ Würfel)
- 1 TL Honig, 1 EL Rapsöl
- 50 g fein geschnittener Bärlauch

Für die Füllung

- 250 g gelbe Linsen
- 600 ml Möhrensaft
- 1 EL Butter
- 1 fein gewürfelte Zwiebel
- 400 g Möhren in Scheiben
- 2 dünne Scheiben Ingwer
- 1 Msp. Chiliflocken
- 3 getrocknete und fein gewürfelte Feigen
- Salz, Pfeffer, ggf. etwas Honig
- 50 g geröstete Kürbiskerne

Außerdem

- 1 verquirltes Eigelb

SO GEHT'S

1 Für den Teig die Dinkelkörner fein mahlen, dann mit Weizenmehl und 1 ½ TL Salz vermengen. Die Hefe in 175 ml lauwarmes Wasser bröckeln und unter Rühren auflösen, dann zum Mehl gießen. Dann Honig, Rapsöl und Bärlauch hinzufügen und einen glatten, kompakten Teig kneten, zur Kugel formen und abgedeckt an einem warmen Ort 60 Minuten gehen lassen.

2 Für die Füllung die Linsen waschen, abtropfen lassen und in einen großen Topf geben. 500 ml Möhrensaft zugießen und unter Rühren zum Kochen bringen. Im geschlossenen Topf bei mittlerer Hitze 15 Minuten kochen lassen, dabei immer wieder umrühren. Restliche Kochflüssigkeit abgießen.

3 Die Butter erhitzen und die Zwiebel darin glasig dünsten. Möhren, Ingwer, Chili und Feigen hinzugeben und mitdünsten. Das Gemüse leicht salzen und im geschlossenen Topf bei niedriger Hitze 15 Minuten garen. Ggf. 100 ml Möhrensaft angießen. Das Gemüse danach mit den Linsen fein pürieren und mit Salz, Pfeffer und ggf. Honig abschmecken. Geröstete und fein gehackte Kürbiskerne unterheben.

4 Den Backofen auf 150 °C (Umluft) vorheizen und eine Tasse mit Wasser auf dem Boden platzieren. Teig zwischen Frischhaltefolie dünn ausrollen und Kreise mit 15 cm Durchmesser ausstechen. Auf eine Seite der Fladen je eine Portion Mus platzieren, dann die Fladen zusammenklappen und die Ränder festdrücken. Mit etwas Abstand auf 2 mit Backpapier belegten Blechen verteilen. Die Oberflächen der Taschen mit verquirltem Eigelb bestreichen.

5 Die Taschen rund 15–20 Minuten backen. Warm servieren.

SÜẞKARTOFFEL

Tex-Mex-Style

FÜR 2 PORTIONEN

- 2 Süßkartoffeln (à ca. 400 g)
- 50 g Cheddar (alternativ junger Gouda)
- 100 g Sour Cream
- ⅓ TL gemahlener Kreuzkümmel
- Salz, Pfeffer
- 1 Mini-Romanasalat
- 1 große Tomate
- 1 kleine Avocado
- 1 TL Limettensaft
- 1 Dose schwarze Bohnen (alternativ Kidneybohnen, 400 g Füllgewicht)
- 1 große rote Zwiebel
- 1 Knoblauchzehe
- 1 EL Olivenöl
- 1 EL Tomatenmark
- ½ TL Chili-Gewürzmischung (für Chili con carne)
- ½ Bund Koriandergrün

SO GEHT'S

1 Den Backofen auf 200 °C (Ober-/Unterhitze) vorheizen. Süßkartoffeln waschen, ringsherum mit einer Gabel mehrmals tief einstechen und auf ein mit Alufolie belegtes Blech legen. Im heißen Ofen (Mitte) ca. 1 Stunde 15 Minuten garen, dabei einmal wenden.

2 Inzwischen den Käse grob raspeln. Sour Cream mit Kreuzkümmel, Salz und Pfeffer würzen und mit so viel Wasser glatt rühren, dass ein cremiges Dressing entsteht. Den Salat waschen, putzen, trocken schleudern. Die Blätter quer in feine Streifen schneiden. Die Tomate waschen und klein würfeln, dabei den Stielansatz entfernen. Die Avocado halbieren, entkernen, das Fruchtfleisch aus der Schale lösen und würfeln. Mit Limettensaft mischen.

3 Bohnen in ein Sieb abgießen, Einlegeflüssigkeit auffangen. Zwiebel und Knoblauch schälen. Zwiebel halbieren, eine Hälfte beiseitelegen, die andere mit dem Knoblauch fein würfeln. Öl in einem Topf erhitzen, darin beides bei kleiner Hitze goldgelb andünsten. Tomatenmark unterrühren und kurz mitrösten. Bohnen unterrühren, etwas Einlegeflüssigkeit und Chiligewürz zugeben. Alles offen 5 Minuten bei mittlerer Hitze köcheln lassen. Ggf. etwas Einlegeflüssigkeit zugeben, sie sollte aber am Ende fast verkocht sein.

4 Inzwischen den Koriander waschen, trocken schütteln, die Blättchen abzupfen und grob hacken. Übrige Zwiebelhälfte würfeln. Avocado, Salat, Tomaten- und Zwiebelwürfel mischen, leicht salzen und pfeffern. Die Süßkartoffeln auf zwei Teller verteilen, längs aufschneiden und etwas aufbrechen. Bohnen und Salat-Mischung darauf häufen, mit Sour Cream beträufeln und mit Käse und Koriander bestreuen.

PESTO

aus Möhrengrün und Hanfsamen

FÜR EIN GLAS PESTO

- 75 g Möhrengrün
- 1 Knoblauchzehe
- 50 g geröstete Sonnenblumenkerne
- 25 g geröstete Hanfsamen
- 75 ml Olivenöl
- Salz, Pfeffer

SO GEHT'S

1 Das Möhrengrün waschen und trocken schütteln. Die Knoblauchzehe schälen. Beides in einen Hochleistungsmixer geben und auf mittlerer Stufe zerkleinern. Sonnenblumenkerne, Hanfsamen, Olivenöl und ½ TL Salz hinzugeben und auf höchster Stufe innerhalb von 20–30 Sekunden ein Pesto mixen.

2 Das Pesto mit Salz und etwas Pfeffer abschmecken und zu Nudeln oder als Brotaufstrich servieren.

TIPP

Hanfsamen haben eine sehr feste Struktur. So erhält das Pesto eine leicht crunchige Textur. Wer das nicht mag, lässt die Hanfsamen weg und ersetzt sie durch weitere Sonnenblumen- oder Kürbiskerne. Die Kerne unbedingt vorher im Ofen 10–15 Minuten rösten, das gibt dem Pesto noch mehr Aroma!

ERBSENCREMESUPPE

mit Minze und Zitrone

FÜR 4 PORTIONEN

- 1 Zwiebel
- 3 mittelgroße Kartoffeln
- 1 EL Butter
- 500 g Erbsen (vorbereitet gewogen)
- 500 ml Gemüsebrühe
- Salz
- Zucker
- 1–2 Stängel Minze
- abgeriebene Schale von ½ Bio-Zitrone
- Saft von ½ Bio-Zitrone
- Pfeffer
- 4 EL griechischer Joghurt (10 % Fett)
- 4 TL geröstete Pistazienkerne

SO GEHT'S

1 Die Zwiebel schälen und fein würfeln. Kartoffeln schälen, waschen und würfeln. Die Butter in einem großen Topf erwärmen und die Zwiebelwürfel darin glasig dünsten. Kartoffeln und Erbsen hinzufügen, kurz mitdünsten und Gemüsebrühe angießen. 1 TL Salz und 1 Prise Zucker hinzufügen und das Gemüse im geschlossenen Topf 15–20 Minuten kochen.

2 Die Minze waschen, trocken schütteln und die Blätter abzupfen. Minzblätter, Zitronenabrieb und -saft hinzufügen und die Suppe schön fein pürieren. Mit Salz und Pfeffer abschmecken und mit kleinen Joghurtklecksen und den gerösteten Pistazienkernen bestreut servieren.

CREMIGE POLENTA

mit buntem Sommergemüse

FÜR 4 PORTIONEN

Für den Polentabrei

- 1 l Gemüsebrühe
- 200 g Maisgrieß (Polenta)
- Salz
- 3 EL geriebener Parmesan (s. Tipp S. 12) oder kräftiger Bergkäse

Für das Gemüse

- 1 Zwiebel
- 1 Fenchelknolle
- 200 g Kaiserschoten
- 2 EL Butter
- 500 g Brokkoliröschen
- 150 g frische Erbsen
- ½ TL Honig
- Salz
- abgeriebene Schale von ½ Bio-Zitrone
- 1 Spritzer Zitronensaft
- Pfeffer
- 4 EL geröstete Pinienkerne

SO GEHT'S

1 Für den Polentabrei die Gemüsebrühe aufkochen, Maisgrieß unter ständigem Rühren einstreuen und zum Kochen bringen. Je nach Salzgehalt der Brühe den Brei noch etwas nachsalzen und rund 5–10 Minuten köcheln lassen, dabei immer wieder umrühren, der Brei setzt sehr schnell am Topfboden an!

2 Parallel dazu das Gemüse zubereiten. Die Zwiebel schälen und fein würfeln, den Fenchel waschen und in feine Streifen schneiden, die Kaiserschoten ebenfalls waschen und in Streifen schneiden. Die Butter in einer tiefen Schmorpfanne erhitzen und die Zwiebeln, die Brokkoliröschen, den Fenchel, die Erbsen und die Kaiserschoten darin kurz anbraten, die Hitze anschließend etwas reduzieren. Honig und Salz hinzufügen und das Gemüse in der geschlossenen Pfanne bei kleiner bis mittlerer Hitze 5–10 Minuten dünsten. Anschließend Zitronenabrieb und -saft sowie etwas Pfeffer hinzufügen und das Gemüse abschmecken.

3 Den Käse unter den Polentabrei heben und kurz schmelzen lassen.

4 Den Polentabrei zusammen mit dem Sommergemüse auf Tellern anrichten und mit gerösteten Pinienkernen bestreut servieren.

TIPP

Der Polentabrei zieht sehr stark nach. Sollte der Brei zu schnell fest werden, einfach noch ein wenig Gemüsebrühe hinzugeben.

PFLÜCKSALAT
mit Ziegenkäse, Aprikosen und Datteln

FÜR 2 PORTIONEN

- 4 getrocknete Aprikosen
- 2 getrocknete Datteln
- 100 ml heiße Gemüsebrühe
- Saft von 1 Orange
- Salz, Pfeffer
- Zimt
- Piment
- Cayennepfeffer
- 1 EL Sherryessig
- 1 EL Olivenöl, plus etwas mehr zum Beträufeln
- 100 g Pflücksalatblätter
- 1 Rolle Ziegenkäse (200 g)

Zum Garnieren

- 1 TL getrocknete Gojibeeren
- 1 EL Hanfsamen
- 1 EL geröstete Nüsse oder Kerne
- frische Petersilie

SO GEHT'S

1 Für das Dressing Aprikosen und Datteln klein schneiden und mit heißer Gemüsebrühe begießen. Einige Minuten ziehen lassen, Orangensaft zugießen und alles mit einem Stabmixer pürieren. Mit Salz, Pfeffer, je 1 Prise gemahlenem Zimt, Piment und Cayennepfeffer würzen und zuletzt Sherryessig sowie Olivenöl unterrühren.

2 Den Backofen auf 200 °C Ober-/Unterhitze (Umluft 180 °C) mit Grillstufe vorheizen und ein Backblech mit Backpapier auslegen. Die Pflücksalatblätter waschen und gründlich abtropfen lassen.

3 Den Ziegenkäse in 8 dünne Scheiben schneiden, auf das Backblech legen, mit etwas Olivenöl beträufeln und mit Salz und Pfeffer würzen. Im Backofen auf der mittleren Schiene 3–4 Minuten grillen.

4 Die Pflücksalate mit dem Dressing (etwas zurückbehalten) locker vermengen und auf zwei Teller verteilen. Die gegrillten Ziegenkäsescheiben auf den Salattellern verteilen und mit dem übrigen Dressing beträufeln. Nach Belieben mit Gojibeeren, Hanfsamen, gerösteten Nüssen oder Kernen und Petersilie garnieren.

TIPP

Dazu passen Vollkornbrot, Grissini, Kräcker oder ein frisches Baguette.

GEBACKENER ZOODLE-KUCHEN

mit Käse

FÜR 1 SPRINGFORM (Ø 28 CM)

Für den Mürbeteig

- 300 g Weizenmehl (Type 405), plus etwas mehr für die Arbeitsfläche
- Salz
- 150 g kalte Butter, plus etwas mehr für die Form
- 1 Ei (Größe M)

Für die Füllung

- 250 g Zucchini
- 250 g Möhren
- 250 g Kohlrabi
- 2 EL Butter
- Salz, Pfeffer
- 100 g geriebener Käse nach Wahl
- 2 Eier (Größe M)
- 200 g Sahne
- frisch geriebene Muskatnuss

SO GEHT'S

1 Für den Teig das Mehl mit 1 Prise Salz in einer Schüssel mischen. Zusammen mit Butter in Stückchen, Ei und 5 EL kaltem Wasser rasch zu einem glatten Teig kneten. Den Teig zu einer Kugel formen, in Frischhaltefolie wickeln und 30 Minuten in den Kühlschrank legen.

2 Inzwischen das Gemüse waschen. Zucchini von den Enden befreien. Möhren und Kohlrabi schälen. Das Gemüse im Spiralschneider mit Kurbel zu Girlanden oder Spaghetti schneiden. Die Butter in einer Pfanne erhitzen, das Gemüse darin unter Rühren 4–5 Minuten dünsten. Eventuell 2–3 EL Wasser hinzufügen. Mit Salz und Pfeffer würzen. Die Pfanne vom Herd nehmen.

3 Den Backofen auf 220 °C Ober-/Unterhitze (Umluft 200 °C) vorheizen. Eine Springform mit Butter einfetten. Den Mürbeteig auf einer bemehlten Arbeitsfläche ausrollen und die Form damit bis zum Rand hoch auskleiden. Dann den Teigboden mit einer Gabel mehrmals einstechen, damit er sich später beim Vorbacken nicht wölbt.

4 Den Teig im Backofen (mittlere Schiene) knapp 10 Minuten vorbacken. Die Form aus dem Backofen nehmen und den Teig einige Minuten abkühlen lassen, dann das Gemüse auf dem Teigboden verteilen. Den Käse gleichmäßig darüberstreuen.

5 Die Eier mit der Sahne verquirlen und kräftig mit Salz, Pfeffer und Muskat würzen. Die Eier-Sahne-Mischung vorsichtig über das Gemüse gießen. Den Kuchen im Backofen (Mitte) in etwa 30 Minuten fertig backen. Anschließend herausnehmen und in der Form abkühlen lassen.

KOHLRABI-SCHNITZEL

mit Rotkohl-Rohkost

FÜR 4 PORTIONEN

Für die Rohkost

- 1 Rotkohl
- Salz, Pfeffer
- 2 EL Granatapfelsirup
- 2 Orangen
- 4 EL Olivenöl

Für die Kohlrabi-Schnitzel

- 2 Kohlrabi
- Salz, Pfeffer
- 2 Eier (Größe M)
- 150 g Mehl
- 200 g Semmelbrösel
- 5 EL Pflanzenöl

SO GEHT'S

1 Den Rotkohl von den äußeren Blättern befreien, halbieren und den Strunk entfernen. Die Hälften waschen und auf der Gemüsereibe in feine Streifen hobeln. Mit Salz und Pfeffer würzen und mit dem Granatapfelsirup vermengen.

2 Den Saft der Orangen auspressen und mit dem Rotkohl vermischen. Die Rohkost abgedeckt mindestens 2 Stunden im Kühlschrank ziehen lassen.

3 Die Kohlrabi schälen und in 1 cm dicke Scheiben schneiden. Die Scheiben mit Salz und Pfeffer würzen. Die Eier verquirlen. Auf drei separaten Tellern Mehl, Eier und die Semmelbrösel bereitstellen. Zum Panieren die Kohlrabischeiben im Mehl wenden, dann durch die Eier ziehen und zuletzt in den Semmelbröseln wenden.

4 Das Pflanzenöl in einer Pfanne erhitzen und die Kohlrabischnitzel darin bei mittlerer Hitze auf jeder Seite in 2–3 Minuten knusprig und goldbraun braten. Die Kohlrabischnitzel herausnehmen und auf Küchenpapier entfetten.

5 Vor dem Servieren die Rohkost mit Olivenöl vermengen und nochmals abschmecken. Mit den Kohlrabi-Schnitzeln anrichten und genießen.

FENCHEL-ORANGEN-SALAT

mit Arancini

FÜR 2 PORTIONEN

Für die Reisbällchen
- 700 ml Gemüsebrühe
- 250 g Rundkornreis
- Salz, Pfeffer
- gemahlener Safran
- 50 g geriebener Pecorino
- 3 Eier (Größe M)
- 50 g Orangenmarmelade
- etwa 150 g Paniermehl

Zum Frittieren
- 1 l Pflanzenöl

Für den Salat
- 2 Orangen
- 1 große Fenchelknolle
- 1 kleines Bund Petersilie
- 1 EL Weißweinessig
- 2 EL Olivenöl
- Salz, Pfeffer

Außerdem
- Oliven
- roter Pfeffer

SO GEHT'S

1 Die Gemüsebrühe mit Reis im Topf verrühren und aufkochen. Mit Salz, Pfeffer und 1 Prise Safran würzen und die Hitze reduzieren. Den Reis bei schwacher Hitze in etwa 30 Minuten ausquellen lassen. Pecorino und 1 Ei untermischen und abkühlen lassen.

2 Die Reismasse in 16 Portionen teilen. Je 1 Portion auf der Handfläche glatt drücken, etwas Orangenmarmelade daraufgeben, mit Reismasse umhüllen und zu einem Bällchen formen. Die restlichen Eier mit 1–2 EL kaltem Wasser verquirlen. Die Bällchen darin eintauchen. In Paniermehl wenden. Das Pflanzenöl auf 180 °C erhitzen, die Arancini portionsweise goldbraun und knusprig backen. Auf Küchenpapier entfetten und abkühlen lassen.

3 Die Orangen so schälen, dass auch die weiße Haut entfernt wird. Aus den Hautsegmenten Orangenfilets schneiden und das restliche Fruchtfleisch auspressen. Die Fenchelknolle waschen, in Viertel schneiden, entstrunken und in dünne Streifen schneiden. Petersilie waschen, trocken schütteln, die Blättchen abzupfen (etwas für die Deko zurückhalten) und grob hacken. Orangenfilets mit -saft, Fenchelstreifen und Petersilie vermengen. Mit Weißweinessig, Olivenöl, Salz und Pfeffer würzen. Die Salatmischung auf zwei Teller verteilen und nach Belieben mit Oliven und etwas frischer Petersilie garnieren und mit rotem Pfeffer bestäuben. Die Reisbällchen separat dazureichen, sonst werden sie vom Salat schnell aufgeweicht.

TIPP

Die Arancini halten sich einige Tage im Kühlschrank und können eingefroren werden.

GEFÜLLTE PAPRIKA

mit Bulgur-Tomaten-Mix

FÜR 2 PORTIONEN

- 80 g Bulgur
- Salz
- 2 große gelbe Paprika
- 300 g Tomaten
- 150 g Schafskäse (ca. 10 % Fett)
- 2 Stängel Petersilie
- 1 TL Garam Masala
- Pfeffer

Außerdem

- Rapsöl

SO GEHT'S

1 Den Backofen auf 200 °C (Ober-/Unterhitze) vorheizen.

2 Eine Auflaufform mit Rapsöl einfetten. Den Bulgur in eine Schüssel geben, salzen und mit kochend heißem Wasser übergießen, sodass er vollständig bedeckt ist. Etwa 5–10 Minuten quellen lassen.

3 Die Paprika halbieren, waschen und putzen. Die Tomaten waschen, halbieren und würfeln. Den Schafskäse mit einer Gabel zerbröseln. Petersilie waschen, trocken schütteln, die Blättchen abzupfen und hacken. Bulgur mit den Tomatenwürfeln, Petersilie und dem Schafskäse mischen. Mit Garam Masala, Salz und Pfeffer würzen.

4 Die Paprikahälften in die Auflaufform setzen und mit der Bulgurmasse füllen. Im Ofen (Mitte) ca. 40 Minuten backen.

SELLERIESALAT
mit Äpfeln und Walnusskernen

FÜR 4–6 PORTIONEN

Für den Salat

- 1 kleiner Knollensellerie (600–1000 g)
- Salz
- 2 rote Äpfel
- 2–3 Möhren
- 3 Frühlingszwiebeln
- ½ Bund Petersilie
- 2 Handvoll geröstete Walnusskerne

Für das Dressing

- 3 EL Walnussöl
- 1 EL Weißweinessig oder Apfelbalsam
- ½ TL Senf
- ½ TL Ahornsirup
- Salz, Pfeffer

SO GEHT'S

1 Den Knollensellerie samt Schale im geschlossenen Topf in kochendem Salzwasser je nach Dicke 30–40 Minuten noch leicht bissfest garen. Lauwarm abkühlen lassen, schälen und in kleine, mundgerechte Würfel schneiden.

2 Die Äpfel waschen, das Kerngehäuse entfernen und Äpfel klein würfeln. Möhren schälen und in feine Scheiben schneiden. Frühlingszwiebeln waschen, putzen und in sehr feine Ringe schneiden. Die Petersilie waschen, trocken schütteln, die Blättchen abzupfen und ebenfalls fein schneiden. Die Selleriewürfel zusammen mit Apfelwürfeln, Möhrenscheiben, Frühlingszwiebeln, Petersilie und Walnusskernen in eine große Salatschale geben und leicht salzen. Aus Walnussöl, Weißweinessig, Senf, Ahornsirup, etwas Salz und Pfeffer ein Dressing mixen und es unter die Salatzutaten heben.

3 Den Salat mindestens 30 Minuten durchziehen lassen, mit Salz und Pfeffer abschmecken und als Beilage beispielsweise zu Getreidebratlingen servieren.

HERBST-CURRY

mit Kürbis, Fenchel und Paprika

FÜR 4 PORTIONEN

Für das Gemüse-Curry

- 250 g Kichererbsen (Glas)
- 1 Gemüsezwiebel
- 1 Stück Ingwer (ca. 2–3 cm)
- 1 Knoblauchzehe
- ½ Butternutkürbis (ca. 250 g)
- 3 Paprika
- 2 Möhren
- 1 Fenchelknolle
- 2 Stangen Zitronengras
- 1 EL Rapsöl
- 2 TL rote Currypaste
- 400 ml Kokosmilch
- 200 ml Gemüsebrühe
- Salz, 1 TL Ahornsirup, Pfeffer
- 150 g braune Steinchampignons
- ½ Bund Frühlingszwiebeln
- ½ Bund Petersilie
- 4–6 EL geröstete Kürbiskerne

Für die Nudeln

- 500 ml Gemüsebrühe
- 100 g Reisnudeln

SO GEHT'S

1 Kichererbsen waschen und abtropfen. Zwiebel, Ingwer und Knoblauch schälen und fein würfeln. Kürbis schälen, Paprika waschen und beides klein würfeln. Möhren schälen, putzen und in dünne Scheiben schneiden, Fenchel waschen, putzen und in feine Streifen schneiden. Zitronengras waschen und andrücken.

2 Das Öl in einem großen Topf leicht erhitzen. Zwiebeln, Ingwer und Knoblauch darin unter Rühren bei niedriger bis mittlerer Hitze andünsten, Currypaste hinzugeben und mitdünsten. Paprika, Kürbis, Möhren, Kichererbsen, Fenchel und Zitronengras hinzugeben, gut vermengen und Kokosmilch zusammen mit der Gemüsebrühe angießen. 1 TL Salz hinzufügen und das Gemüse unter Rühren zum Kochen bringen. Bei kleiner bis mittlerer Hitze rund 15 Minuten im offenen Topf kochen lassen, immer wieder umrühren.

3 Für die Nudeln die Gemüsebrühe in einem separaten Topf aufkochen und die Reisnudeln darin 5 Minuten kochen lassen, dann abgießen, mit kaltem Wasser abspülen, sodass sie nicht zusammenkleben und beiseitestellen.

4 Die Champignons putzen und vierteln. Frühlingszwiebeln waschen, putzen und in feine Ringe schneiden. Das Curry mit Ahornsirup, Salz und Pfeffer abschmecken. Champignons und Reisnudeln hinzufügen und weitere 2 Minuten kochen. Zitronengras entfernen und die Zwiebelringe unterheben. Petersilie waschen, trocken schütteln, die Bättchen abzupfen und fein schneiden. Das Herbstcurry mit Petersilie und gerösteten Kürbiskernen bestreut servieren.

GEBRATENE KOHLKLÖßCHEN

Muthia

FÜR 4 PORTIONEN

- 250 g Weißkohl (ca. ¼ Kopf)
- Salz
- 20 g frischer Ingwer
- 3 EL Hartweizengrieß
- 80 g (Vollkorn-)Weizenmehl
- 80 g Kichererbsenmehl
- ¼ TL Backpulver
- ¼ TL Chilipulver
- ¼ TL gemahlene Kurkuma
- ½ TL gemahlener Kreuzkümmel
- ⅓ TL Fenchelsamen
- 1 TL Rohrohrzucker
- 3 EL gehacktes Koriandergrün
- Saft von 1 Zitrone
- Pflanzenöl zum Braten
- 1 TL braune Senfsamen
- 2 EL Sesam

SO GEHT'S

1 Den Kohl waschen, entstrunken und fein hobeln. Dann mit 2–3 Prisen Salz mischen und mit den Händen kräftig durchkneten, bis der Kohl weicher und biegsam wird. 30 Minuten ziehen lassen.

2 Ingwer schälen und fein reiben. Kohl kräftig auspressen. Mit Ingwer, Grieß, beiden Mehlen, Backpulver, den Gewürzen, Fenchelsamen, Zucker und 2 EL Koriandergrün mischen, kräftig salzen.

3 Die Hälfte Zitronensaft und 2 EL Öl untermischen und alles kräftig mit den Händen zusammenkneten, dabei löffelweise so viel Wasser zugeben, bis ein gut formbarer, aber nicht zu weicher Teig entsteht. In 6 etwa gleich große Portionen teilen und diese zu 6 etwa 10 cm langen dicken Würsten rollen.

4 In einem weiten Topf 1–2 cm hoch Wasser einfüllen und zum Kochen bringen. Die Teigwürste auf einen Dämpfeinsatz mit Abstand nebeneinanderlegen und den Einsatz in die Pfanne stellen. Temperatur reduzieren, einen mit einem sauberen Geschirrtuch umwickelten Deckel fest auf den Topf legen und die Würstchen bei mittlerer Hitze ca. 30 Minuten dämpfen.

5 Würstchen herausnehmen und gut 5 Minuten abkühlen lassen, anschließend in 1,5 cm dicke Scheiben schneiden. 3–4 EL Öl in einer großen beschichteten Pfanne erhitzen, darin Senfsamen und Sesam anrösten. Kohlklößchen hineingeben, vorsichtig unter gelegentlichem Wenden braten, bis sie an den Rändern leicht bräunen.

6 Das Übrige vom Koriandergrün und Zitronensaft darüber geben.

HALLOUMI

auf Auberginen

FÜR 2 PORTIONEN

- 1 kleine Aubergine
- Salz
- 1 Knoblauchzehe
- Saft von ½ Zitrone
- 7 EL Olivenöl
- 250 g Halloumi (Grillkäse)
- Pfeffer
- ½ kleines Fladenbrot
- 1 TL Zatar (s. Tipp)

SO GEHT'S

1 Den Backofen auf 200 °C Ober-/Unterhitze (Umluft 180 °C) mit Grillstufe vorheizen.

2 Die Aubergine waschen, putzen, in dünne Scheiben schneiden, mit Salz bestreuen und 20 Minuten ruhen lassen. Inzwischen die Knoblauchzehe schälen, fein würfeln und mit Zitronensaft sowie mit 3 EL Olivenöl verrühren.

3 Eine Auflaufform mit 1 EL Olivenöl einfetten. Den Halloumi in zwei Portionsscheiben schneiden, in die Form legen und im vorgeheizten Backofen etwa 20 Minuten grillen. Dabei 1–2-mal wenden; mit Salz und Pfeffer würzen.

4 Die Auberginenscheiben kalt abspülen, mit Küchenpapier trocknen und in einer großen Pfanne in 2 EL heißem Olivenöl etwa 8 Minuten knusprig braten. Mit Salz und Pfeffer würzen. Das Fladenbrot mit 1 EL Olivenöl beträufeln und mit Zatar bestreuen. Nur kurz zum Rösten in den Backofen geben.

5 Die Auberginenscheiben auf zwei Teller verteilen und mit je 1 Scheibe Halloumi belegen. Alles mit Zitronenöl beträufeln. Dazu das Fladenbrot servieren.

TIPP

Zatar ist eine Gewürzmischung aus Thymian, Sumach, Salz und Sesamsamen. Getrocknet ist sie in türkischen Geschäften zu finden.

VERSUNKENE EIER

„Arrabiata“

FÜR 2 PORTIONEN

- 1 Möhre
- 1 Selleriestange
- 1 rote Zwiebel
- 1 Knoblauchzehe
- 500 g kleine Kirschtomaten
- 2 getrocknete Chilischoten
- 5 EL Olivenöl
- 1 TL Weißweinessig
- Salz
- 4 Eier (Größe M)

Außerdem

- Olivenöl
- 1 Handvoll Basilikumblätter

SO GEHT'S

1 Den Backofen auf 175 °C (Umluft) vorheizen und eine Ofenform mit Olivenöl fetten.

2 Das Gemüse waschen und putzen. Die Möhre und die Selleriestange fein würfeln, die Zwiebel und die Knoblauchzehe schälen und fein würfeln. Die Chilischoten grob zerstoßen. Kirschtomaten, Möhren, Sellerie, Zwiebeln, Knoblauch, Olivenöl, Weißweinessig, Chilistücke und ½ TL Salz in der Form vermengen und 25 Minuten im heißen Backofen backen, anschließend die Temperatur auf 150 °C (Umluft) reduzieren.

3 Die Eier einzeln aufschlagen und in das Tomaten-Arrabiata-Gemüse gleiten lassen. Die Form wieder in den Ofen stellen und weitere 12 Minuten backen, bis das Eiweiß fest und das Eigelb – je nach Wunsch – noch leicht flüssig oder schon etwas fester ist.

4 Die versunkenen Arrabiata-Eier mit den gewaschenen Basilikumblättern und einigen Tropfen hochwertigem Olivenöl servieren.

STAUB
STAUB

PILZ-MARONEN-
Burger

FÜR 6 BURGER

Für die Pattys

- 3 Schalotten,
- 1 Knoblauchzehe
- 50 g Butter
- 200 g gekochte Maronen
- 200 g braune Champignons, Pflanzenöl
- 100 g Pastinaken
- 1 Handvoll Petersilienblätter
- 2 TL Kräuter der Provence
- Salz, Pfeffer
- 2 EL Semmelbrösel

Für die Sauce

- 1–2 EL bunter Pfeffer
- 2 EL Butter, 4 Schalotten
- 250 ml Rotwein
- 300 ml Gemüsebrühe
- 400 ml Sahne

Für den Belag

- 3 Zweige Rosmarin
- Butter, 300 g Schafskäse
- 250 g Kirschtomaten

Außerdem

- 6 Kartoffel-Buns (Fertigprodukt)

SO GEHT'S

1 Für die Sauce die Pfefferkörner mit einem Mörser zerstoßen. Die Butter in einer Pfanne bei mittlerer Hitze aufschäumen lassen und die Pfefferkörner andünsten. Die Schalotten schälen, fein würfeln und dazugeben. Wenn die Schalotten glasig sind, den Rotwein angießen und einköcheln lassen (etwa bis zu einem Drittel). Dann die Gemüsebrühe dazugeben und wieder stark einköcheln lassen. Die Sahne zugießen und dann alles bis zur gewünschten Konsistenz köcheln lassen.

2 Für die Pattys Schalotten und Knoblauch schälen, fein hacken, in Butter glasig andünsten und entnehmen. Maronen und Pilze putzen, grob hacken und in etwas Öl für 5–10 Minuten anbraten. Die Masse etwas abkühlen lassen und mit der geschälten Pastinake, den Schalotten, dem Knoblauch und der Petersilie kurz in den Mixer geben. Mit den Gewürzen abschmecken und mit Semmelbröseln binden. Für den Belag den Rosmarin in reichlich Butter knusprig anrösten. Die Kirschtomaten waschen und vierteln.

3 Die Hände anfeuchten, Pattys formen und bei mittlerer Hitze in etwas Öl knusprig anbraten.

4 Die Buns halbieren, in einer Grillpfanne anrösten und mit der Sauce bestreichen. Je einen Patty auflegen und mit zerbröseltem Schafskäse, Kirschtomaten sowie dem Rosmarin garnieren. Die Oberhälften auflegen und direkt servieren.

ROTE-BETE-KICHERERBSEN-
Suppe

FÜR 2–3 PORTIONEN

- 1 Zwiebel
- 1/3 Knollensellerie
- 2 Möhren
- 500 g vorgegarte Rote Bete
- 300 g Kichererbsen (Glas)
- 2 EL Olivenöl, plus etwas mehr zum Beträufeln
- Salz, Pfeffer
- frische Petersilie

SO GEHT'S

1 Die Zwiebel, den Sellerie und die Möhren schälen und klein schneiden. Die Rote Bete in kleine Würfel schneiden. Die Kichererbsen in einem Sieb abtropfen lassen.

2 Olivenöl in einem Topf erhitzen und die Zwiebelstücke bei mittlerer Stufe andünsten, bis sie glasig sind. Dann den Sellerie und die Möhren dazugeben und etwa 5 Minuten anbraten.

3 Das Gemüse mit 1,5 l Wasser aufgießen und aufkochen lassen. Sobald das Wasser kocht, die Hitze reduzieren und die Suppe etwa 15 Minuten auf niedriger Stufe weiterköcheln lassen.

4 Die Rote-Bete-Stücke und die Hälfte der Kichererbsen dazugeben, mit Salz abschmecken und weitere 5 Minuten köcheln lassen. Die Suppe vom Herd nehmen und pürieren.

5 Zusammen mit den restlichen Kichererbsen die Suppe noch einmal zum Kochen bringen. Anrichten und mit einer Prise Pfeffer, einem Spritzer Olivenöl und frischer Petersilie garnieren.

SPAGHETTI
mit Linsen-Bolognese

FÜR 2 PORTIONEN

- 100 g Puy Linsen (alternativ Belugalinsen)
- Salz
- 250 g roter Mangold
- 1 große Zwiebel
- 2 Knoblauchzehen
- 4–5 EL Olivenöl
- 1 EL Tomatenmark
- 75 ml Weißwein (alternativ Gemüsebrühe)
- 2 Dosen stückige Tomaten (à 400 g Füllgewicht)
- ½ TL getrockneter Oregano
- 2–3 Msp. Chiliflocken (nach Belieben)
- 250 g Spaghetti
- Pfeffer
- Zucker
- geriebener Parmesan (s. Tipp S. 12) zum Bestreuen (nach Belieben)

SO GEHT'S

1 Die Linsen in einem Sieb kalt abbrausen und in einem Topf mit reichlich Wasser aufkochen. Bei mittlerer Hitze zugedeckt 20–25 Minuten bissfest garen, gegen Garzeitende salzen. Anschließend in ein Sieb abgießen und abtropfen lassen.

2 Inzwischen den Mangold putzen, waschen, trocken schütteln. Die Blätter und Stiele voneinander trennen. Die Stiele je nach Dicke nochmals längs halbieren oder dritteln, dann in 5–10 mm große Stückchen schneiden. Die Blätter längs halbieren und in dünne Streifen schneiden. Zwiebel und Knoblauch schälen und getrennt fein würfeln.

3 Das Öl in einem Topf erhitzen, darin die Zwiebel langsam goldgelb dünsten. Den Knoblauch zugeben und kurz mitdünsten. Dann die Mangoldstiele zugeben und unter Rühren 2 Minuten braten. Das Tomatenmark unterrühren und kurz mitanrösten. Mit Weißwein oder Brühe ablöschen und die Flüssigkeit bei hoher Hitze fast vollständig verkochen lassen.

4 Stückige Tomaten, Oregano, nach Belieben Chiliflocken und die abgetropften Linsen unterrühren. Alles bei kleiner Hitze 25–30 Minuten köcheln lassen. Gegen Garzeitende das Nudelwasser aufsetzen und die Nudeln nach Packungsanweisung al dente garen. Die grünen Mangoldblätter in die Sauce geben und noch 5–7 Minuten mitgaren. Mit Salz, Pfeffer und 1 Prise Zucker abschmecken. Die Nudeln abgießen und abtropfen lassen, auf Teller verteilen und mit der Linsenbolognese servieren. Wer mag, bestreut die Pasta noch mit Parmesan.

WEIßE WINTER-SUPPE

mit Mandelcrunch

FÜR 3–4 PORTIONEN

- 1 Zwiebel
- 1 Knoblauchzehe
- ½ TL Fenchelsamen
- 1 EL Butter
- 200 g Pastinaken
- 200 g Petersilienwurzeln
- 200 g Topinamburknollen
- 600 ml Gemüsebrühe
- Salz
- 1 Dose Cannellinibohnen (Abtropfgewicht 250 g)
- 150 ml Mandeldrink
- Chiliflocken (nach Belieben)
- ½ TL Ahornsirup
- Pfeffer
- 4 EL grob gehackte Mandeln
- fein geschnittenes Petersilienwurzel-Grün

SO GEHT'S

1 Zwiebel und Knoblauch schälen und fein würfeln. Fenchselsamen in einem Mörser zerstoßen. Die Butter in einem Topf erhitzen und die Zwiebel- und Knoblauchwürfel sowie die zerstoßenen Fenchelsamen darin andünsten. Pastinaken und Petersilienwurzeln schälen und in Scheiben schneiden, Topinambur schälen und würfeln. Alles in den Topf geben, kurz mitdünsten und Gemüsebrühe angießen. 1 TL Salz hinzugeben und das Gemüse bei geschlossenem Deckel rund 15 Minuten bei mittlerer Hitze kochen lassen.

2 Die Cannellinibohnen abtropfen und abspülen. Nach 15 Minuten zum Gemüse geben und 2 Minuten mitkochen.

3 Mandelmilch, nach Belieben Chiliflocken sowie Ahornsirup zugeben und die Suppe fein pürieren. Mit Salz und Pfeffer abschmecken und mit den gehackten Mandeln und ein wenig Petersiliengrün bestreut servieren.

TIPP

Wer die Suppe noch cremiger haben möchte, kann neben den Wintergemüsesorten einige kleine Kartoffelwürfel mitkochen und anschließend mitpürieren. Außerdem lecker: Die Suppe kurz vor dem Servieren mit etwas Schmand verfeinern.

GEFÜLLTER *Wirsing*

FÜR 4 PORTIONEN

- 15 g getrocknete (Stein-)Pilze
- 150 g Bulgur
- Salz
- 1 dicke Möhre
- 1 dünne Stange Lauch
- 1 große Zwiebel
- 2 Knoblauchzehen
- 200 g braune Champignons
- 1 Wirsing (ca. 1 kg)
- 3 EL Butterschmalz
- 1 TL getrockneter Thymian
- Pfeffer
- 1 EL Tomatenmark
- 1 EL körniger Senf
- geriebene Muskatnuss
- 4 EL geriebener Parmesan (s. Tipp S. 12)
- 150 ml Gemüsebrühe
- 125 g Crème fraîche
- 1 TL edelsüßes Paprikapulver
- 2 Msp. Chilipulver

SO GEHT'S

1 Getrocknete Pilze 1 Stunde in heißem Wasser quellen lassen. Bulgur mit 230 ml Wasser aufkochen, salzen und zugedeckt bei kleiner Hitze 10–15 Minuten quellen lassen. Möhre schälen und fein würfeln. Lauch putzen, waschen und in feine Stücke schneiden. Zwiebel und Knoblauch schälen und klein würfeln. Champignons putzen und klein würfeln. Wirsing waschen, äußere Blätter lösen, die Blattrippen flacher schneiden. Restlichen Wirsing vierteln und in Streifen schneiden, dabei den Strunk entfernen.

2 Pilze abgießen, Wasser auffangen, Pilze fein hacken. Butterschmalz in einer hohen Pfanne erhitzen, Zwiebeln darin goldgelb dünsten. Möhre, Lauch und Knoblauch zugeben, unter Rühren 2 Minuten anbraten. Champignons und ½ TL Thymian zugeben, 2 Minuten mitbraten, salzen und pfeffern. Tomatenmark unterrühren, kurz mitrösten, mit wenig Pilzwasser ablöschen. Pilze zugeben und 3–5 Minuten bei mittlerer Hitze garen, bis die Flüssigkeit verdampft ist. Senf unterrühren und alles mit Muskat würzen.

3 Den Backofen auf 200 °C (Ober-/Unterhitze) vorheizen. Pilzwasser mit 3 EL Gemüse in einem nicht zu großen Bräter verrühren. Restliches Gemüse mit Bulgur und Parmesan mischen. Etwa 8 Kohlblätter mit der Wölbung nach unten kreisförmig überlappend in den Bräter legen, sodass eine Schale entsteht. Abwechselnd ein Drittel Bulgurmasse einfüllen und mit ein paar Kohlblättern und -streifen belegen. Zum Schluss in Form drücken, sodass ein „Kohlkopf“ entsteht. Im heißen Ofen (unten) 1 Stunde garen.

4 Brühe mit Crème fraîche verrühren, mit Paprikapulver, Chili und restlichem Thymian würzen, über den Wirsing gießen und weitere 15–20 Minuten offen garen. Kurz abkühlen lassen, dann servieren.

SEITAN-GULASCH

mit Paprikaschoten

FÜR 4 PORTIONEN

- 1 große Zwiebel
- 2 Knoblauchzehen
- 1 rote Paprikaschote
- 500 g Seitan
- 5 EL Pflanzenöl
- 1 EL edelsüßes Paprikapulver
- 1 EL rosenscharfes Paprikapulver
- 2 EL Tomatenmark
- 500 ml Gemüsebrühe
- Salz, Pfeffer

SO GEHT'S

1 Zwiebel und Knoblauch schälen, beides würfeln. Die Paprikaschote halbieren, putzen, waschen und ebenfalls in Würfel schneiden. Den Seitan in etwa 2 x 2 cm große Stücke schneiden.

2 In einem Topf 3 EL Pflanzenöl erhitzen und die Seitanstücke darin von allen Seiten kurz braten; herausnehmen. 2 EL Pflanzenöl in die Pfanne geben, Zwiebelwürfel in etwa 10 Minuten glasig dünsten. Paprika zugeben, weitere 5 Minuten braten, bei Bedarf etwas Wasser zugeben. Mit beiden Paprikapulvern bestreuen, mit Tomatenmark kurz durchrösten. Mit Gemüsebrühe aufgießen, kurz aufkochen und die Seitanstücke einrühren. Mit Salz und Pfeffer würzen und einige Minuten leise köcheln lassen.

TIPP

Nach Belieben mit etwas Kümmel, abgeriebener Bio-Zitronenschale und frisch gehackter Petersilie würzen.

MÖHREN-INGWER-
Suppe

FÜR 4 PORTIONEN

- 1 Schalotte
- 1 Knoblauchzehe
- 1 TL Kokosöl
- Salz
- 400 g Möhren
- 40 g frischer Ingwer
- ½ TL gemahlener Ceylon-Zimt
- ½ TL Cayennepfeffer
- ½ TL Currypulver
- 1 TL gemahlene Kurkuma
- ½ TL gelbe Currypaste
- ½ TL schwarzer Pfeffer
- 500 ml Gemüsebrühe
- 400 ml Kokosmilch

Außerdem

- 2 violette Möhren
- ½ TL Kokosöl
- Brunnenkresse
- schwarzer Sesam

SO GEHT'S

1 Die Schalotte schälen und fein würfeln. Den Knoblauch ebenfalls schälen und sehr fein hacken. Das Kokosöl in einem Topf erhitzen, die Schalotten- und Knoblauchwürfel mit 1 Prise Salz in den Topf geben und bei mittlerer Hitze anschwitzen.

2 Die Möhren waschen, putzen und in Scheiben schneiden. Den Ingwer schälen und fein hacken. Beides in den Topf geben und einige Minuten bei schwacher Hitze andünsten. Dabei immer wieder umrühren. Ceylon-Zimt, Cayennepfeffer, Currypulver, Kurkuma, Currypaste und schwarzen Pfeffer dazugeben und kurz unter Rühren anrösten. Mit Gemüsebrühe und Kokosmilch aufgießen. Einen Deckel auflegen und die Suppe etwa 20 Minuten sanft köcheln lassen, bis die Möhren weich sind.

3 In der Zwischenzeit die violetten Möhren waschen, putzen und in dünne Scheiben schneiden. Das Kokosöl in einer Pfanne erhitzen, die Möhren darin bei schwacher Hitze andünsten und mit 1 Prise Salz würzen. Die Suppe mit dem Stabmixer pürieren und mit etwas Salz abschmecken. Brunnenkresse waschen und trocken schütteln. Die Möhren-Ingwer-Suppe in tiefe Teller geben und mit den violetten Möhrenscheiben, ein wenig schwarzem Sesam und der Brunnenkresse garnieren.

21
Sünde trägt.
zugleich auch
Hamburg

SAUERKRAUT-
Tofu-Burger

FÜR 6 BURGER

Für die Pattys
- 1 Zwiebel, Pflanzenöl
- 200 g frischer und fester Tofu
- 200 g Sauerkraut
- 70 g Mehl, 3 TL Senf
- 3 TL Kümmel, Salz, Pfeffer

Für die Sauce
- 2 ½ EL Sojabutteralternative, 1 ½ EL Mehl
- 100 ml Hafercreme Cuisine, 125 ml Gemüsebrühe
- 2 EL Senf, Salz, Pfeffer

Für den Belag
- 3 rote Zwiebeln
- 2 EL Aceto balsamico
- 2 EL Pflanzenöl, 2 EL Agavendicksaft
- 300 g mehlig kochende Kartoffeln, Salz
- 2 EL Sojabutteralternative
- Pfeffer
- 200 g Sauerkraut,
- 2 TL Kümmel

Außerdem
- 6 Kartoffel-Buns (Fertigprodukt)

SO GEHT'S

1 Den Backofen auf 160 °C Umluft (180 °C Ober-/Unterhitze) vorheizen. Für den Belag die Zwiebeln schälen, achteln und „entschichten“. In einer Schüssel mit Essig, Öl und Agavendicksaft vermengen und auf ein Backblech geben. Für 35–45 Minuten im heißen Ofen (Mitte) backen, nach der Hälfte der Zeit wenden.

2 Die Kartoffeln schälen, klein würfeln und in Salzwasser weich garen. Das Wasser abgießen und die Kartoffeln zerstampfen. Anschließend mit Sojabutteralternative verfeinern und mit Salz und Pfeffer abschmecken.

3 Für die Sauce den Butterersatz in einem Topf erhitzen, das Mehl einrühren und anschwitzen. Restliche Zutaten hinzugeben und unter Rühren aufkochen lassen. Mit Salz und Pfeffer abschmecken.

4 Für die Pattys die Zwiebel schälen, fein würfeln und in etwas Öl anschwitzen. Den Tofu zwischen den Händen zerreiben und für 3–4 Minuten mit den Zwiebeln anbraten. Sauerkraut grob auspressen, fein hacken und mit den restlichen Zutaten zum Tofu geben. Alles zu einem Teig vermengen. Mit Salz und Pfeffer abschmecken.

5 Die Hände anfeuchten, Pattys formen und bei mittlerer Hitze in etwas Öl knusprig anbraten.

6 Die Buns halbieren, in einer Grillpfanne anrösten und mit der Sauce bestreichen. Darauf eine Lage Kartoffelstampf geben und je einen Patty auflegen. Darauf frisches Sauerkraut und eine weitere Schicht Sauce geben. Mit karamellisierten Zwiebeln und Kümmel abschließen. Die Oberhälften auflegen und direkt servieren.

IMPRESSUM

Bibliografische Information der Deutschen Bibliothek.

Die Deutsche Bibliothek verzeichnet diese Publikation in der Deutschen Nationalbibliografie.

Detaillierte bibliografische Daten sind im Internet über http://www.dnb.de/ abrufbar.

Alle in diesem Buch veröffentlichten Abbildungen sind urheberrechtlich geschützt und dürfen nur mit ausdrücklicher schriftlicher Genehmigung des Verlags gewerblich genutzt werden. Eine Vervielfältigung oder Verbreitung der Inhalte des Buchs ist untersagt und wird zivil- und strafrechtlich verfolgt. Das gilt insbesondere für Vervielfältigungen, Übersetzungen, Mikroverfilmungen und die Einspeicherung und Verarbeitung in elektronischen Systemen.

Die im Buch veröffentlichten Aussagen und Ratschläge wurden von Verfasser und Verlag sorgfältig erarbeitet und geprüft. Eine Garantie für das Gelingen kann jedoch nicht übernommen werden, ebenso ist die Haftung des Verfassers bzw. des Verlags und seiner Beauftragten für Personen-, Sach- und Vermögensschäden ausgeschlossen.

Bei der Verwendung im Unterricht ist auf dieses Buch hinzuweisen.

EIN BUCH DER EDITION MICHAEL FISCHER

1. Auflage 2020

© 2020 Edition Michael Fischer GmbH, Donnersbergstr. 7, 86859 Igling

Reihengestaltung: Yvonne Witzan
Satz: Christina Gerg
Projektleitung und Lektorat: Katharina Steffelmaier

Texte/Grafik Grundlagenteil: Tanja Dusy: S. 6/7; Mora Fütterer: S. 8/9

Rezepte: Stefanie Hiekmann: S. 12, 14, 18, 22, 24, 26, 38, 40, 46, 54; Sabrina Sue Daniels: S. 16; Tanja Dusy: S. 20, 42, 52, 56; Rose Marie Donhauser: S. 28, 30, 32, 34, 44, 58; Anne Iburg: S. 36; Jonathan Häde: S. 48, 62; Julia Fodor & Luisa Eckhard: S. 50; Katharina Küllmer: S. 60

Bilder: Katharina Küllmer, Espenau: Cover, S. 61; © stockcreations/Shutterstock: S. 4, 6/links; © Elena Schweitzer/Shutterstock: S. 6/rechts; © Piyaset/Shutterstock: S. 7/links; Stefanie Hiekmann, Osnabrück: S. 13, 15, 19, 23, 25, 27, 39, 41, 47, 55; Sabrina Sue Daniels, Frankfurt: S. 17, 33, 59; Julia Hildebrand & Ingolf Hatz, München, Foodstyling: Margit Proebst, München: S. 21, 53, 57; Nadja Buchczik & Anton Enns, Bielefeld: S. 29, 35, 51; Tina Bumann, Bretten: S. 45; Jonathan Häde: S. 49, 63; © marekuliasz/Shutterstock: S. 7/rechts; Kitchenkiss photography, Holzkirchen b. München: S. 31; Maria Panzer, Offenburg: S. 43; Claudia Timmann, Hamburg: S. 37

ISBN 978-3-96093-856-9

Gedruckt bei Polygraf Print, Čapajevova 44, 08001 Prešov, Slowakei

www.emf-verlag.de